Qui parle français?

Livre 3

Qui parle français ?
Livre 3

First edition 2019

Author: Carla Tarini
Editor: Kirstin Plante
Copy-editor: Anny Ewing
Illustrator: Esther Rosier
Design: Arcos Publishers

Arcos Publishers
Molengouw 36
1151 CJ Broek in Waterland
info@arcospublishers.com
www.arcospublishers.com

ISBN 9781079687590
BISAC LAN012000

Keywords: language learning, French language, CERF A2, French-speaking cultures

Contents

Penda
Mbow
1955

Je m'appelle Penda Mbow

Je m'appelle Penda Mbow.

Je suis née en 1955 (mille neuf cent cinquante-cinq).

Je viens du Sénégal, en Afrique de l'Ouest. Je suis musulmane.

Je suis très intelligente. J'aime parler, lire et écrire.

J'ai un doctorat en histoire médiévale.

Je suis professeur d'histoire à l'Université de Dakar, la capitale du Sénégal.

J'aime la politique et j'aime les débats.

Je suis activiste pour la démocratie.

Je suis activiste pour les droits de l'homme, pour les droits humains.*

Je pense qu'une réinterprétation des textes islamiques est nécessaire.

Je veux que les femmes participent à la vie politique.

Je suis anxieuse pour les femmes au Sénégal.

Il y a des pratiques au Sénégal qui ne sont pas bonnes pour les femmes.

Je pense que les filles et les femmes méritent une excellente éducation.

* les droits de l'homme / les droits
humains – human rights

Je m'appelle Jacques Cousteau

Je m'appelle Jacques Cousteau.

Je suis né en 1910 (mille neuf cent dix).

Je viens de France. La France est en Europe.

Je suis un homme d'action. Je m'intéresse à beaucoup de choses.

Je suis scientifique, officier naval, conservationniste et innovateur.

Je suis aussi un explorateur océanographique. C'est fantastique !

Je vais dans l'océan Indien, le golfe Persique, la mer Méditerranée, etc.

J'ai un programme à la télévision.

Je fais des plongées dans l'océan. J'explore le monde aquatique mystérieux.

J'adore tous les animaux de l'océan– les crabes, les pingouins, les dauphins, etc.

Les animaux sont très intelligents.

Il y a un film documentaire sur mes aventures.

Je veux que tout le monde aime et respecte l'océan, comme moi.

J'adore la beauté de la planète bleue.

La planète est fragile. Je veux préserver la planète. C'est l'essentiel.

Jacques
Cousteau
1910 – 1977

Bessie
Coleman
1892 – 1926

Je m'appelle Bessie Coleman

Je m'appelle Bessie Coleman.

Je suis née au Texas, aux États-Unis, en 1892 (mille huit cent quatre-vingt-douze).

Je suis américaine. Je ne suis pas française.

J'adore les avions. Je suis fascinée par les avions !

Je veux être pilote, mais aux États-Unis, je ne peux pas.

Je n'aime pas la ségrégation aux États-Unis.

Je n'aime pas la discrimination contre les femmes.

Je vais à Paris en 1920 (mille neuf cent vingt) pour aller à l'école de pilotes.

J'adore la France parce que je peux aller à l'école en France.

J'ai mon brevet international de pilote.* Youpi ! Merci la France !

Je suis la première afro-américaine à avoir un brevet de pilote.

Je suis la première amérindienne à avoir un brevet de pilote.

Je participe à des exhibitions aériennes.

Je sais faire de l'acrobatie très risquées avec mon avion ! Je suis une risque-tout.

Je dis souvent : « Dans l'air, il n'y a pas de préjugé. »

*brevet international de pilote –
international pilot's licence

Je m'appelle Abdourahman Waberi

Je m'appelle Abdourahman Waberi.

Je suis né en 1965 (mille neuf cent soixante-cinq) à Djibouti, en Afrique de l'Est.

J'adore les histoires de ma grand-mère.

Je pense souvent à ma grand-mère avec nostalgie.

J'aime la tradition orale, mais j'aime aussi lire.

J'ai beaucoup d'amis. Mes amis sont mes livres !

Je pense que la littérature de l'Américaine Toni Morrison est extraordinaire.

J'écris des livres, des poèmes et des essais.

Je pense que l'éducation est importante. Très importante.

Je parle somali, français et anglais.

J'habite en France, mais je voyage beaucoup.

Je suis professeur de littérature francophone.

Un de mes livres, c'est *Aux États-Unis d'Afrique*.

Dans ce livre, j'imagine un monde complètement différent.

Dans ce monde, des immigrés blancs arrivent en Afrique.

Ce sont les Blancs qui sont des réfugiés. Ils veulent de l'aide des Africains.

Pour moi, c'est important d'imaginer toutes les possibilités.

Abdourahman
Waberi
1965

Jacques
Brel
1929 – 1978

Je m'appelle Jacques Brel

Je m'appelle Jacques Brel.

Je suis né en 1929 (mille neuf cent vingt-neuf) à Bruxelles, en Belgique, en Europe.

J'ai une guitare. J'ai aussi du papier et un crayon.

J'adore chanter et écrire des chansons.

Je chante en français et, de temps en temps, je chante en flamand.

Quand je chante, je suis émouvant. Le public est très enthousiaste.

Je fais des concerts à l'Olympia. C'est un music-hall important à Paris.

Je fais beaucoup, beaucoup, beaucoup de concerts. C'est fatiguant !

Il y a des chanteurs qui chantent mes chansons : Ray Charles, Sting et Céline Dion.

J'ai un yacht. Je veux faire le tour du monde.

J'ai aussi un brevet de pilote.

Je vais en Polynésie Française dans mon avion.

J'aime la vie sur les îles.

Je dis très souvent : « Ne me quitte pas. »*

*Ne me quitte pas ("Don't leave me") is
one of Brel's most famous songs

Je m'appelle Malia Metella

Je m'appelle Malia Metella.

Je suis née en 1982 (mille neuf cent quatre-vingt-deux).

Je viens de Guyane. La Guyane est en Amérique du Sud.

Je suis française.

Je suis une femme forte et déterminée.

J'adore être dans l'eau.*

Je suis une très bonne athlète et je peux nager très vite.

J'ai beaucoup de médailles d'or du 100 (cent) mètres nage libre.**

Je vais aux Jeux Olympiques (JO). Je vais en Grèce et en Chine.

C'est un honneur de représenter la France aux JO.

J'ai des médailles olympiques, mais je n'ai pas de médaille d'or olympique.

J'ai un frère qui adore nager, comme moi.

J'aime être à la télévision pour faire des commentaires.

Je pense que le sport pour les filles et les femmes est très important.

* l'eau – water
** le nage libre – freestyle
(front crawl swim stroke)

Malia
Metella
1982

Joseph
Bologne
1745 – 1799

Je m'appelle Joseph Bologne

Je m'appelle Joseph Bologne, Chevalier de Saint-Georges.

Je suis né en 1745 (mille sept cent quarante-cinq).

Je viens de Guadeloupe. La Guadeloupe est dans les Caraïbes.

Ma mère s'appelle Nanon.

Elle est l'esclave de mon père, un Français.

Je vais en France pour mes études.

Jc suis champion d'escrime. J'ai une épée, comme un mousquetaire.

J'adore la musique classique.

Je compose des opéras comiques, des symphonies et des concertos de violon.

Je joue du violon avec Marie Antoinette, dans son palais à Versailles.

Je participe à la Révolution française.

Je suis colonel d'un régiment d'hommes de couleur.

Je suis abolitionniste. Je vais à Saint-Domingue* pour participer à la révolte.

Les relations entre les Noirs et les Métis** (comme moi) sont très complexes.

Je joue du violon pour me calmer et me réconforter.

* The country of Haiti was called Saint-Domingue during the time it was a French colony, from 1625 to 1804.

** Métis – people of mixed race

Je m'appelle Hanaa Ben Abdesslem

Je m'appelle Hanaa Ben Abdesslem.

Je suis né en 1990 (mille neuf cent quatre-vingt-dix) en Tunisie, en Afrique du Nord.

Je m'intéresse à l'ingénierie, mais aussi au monde de la mode.

Je vais au Liban pour participer à *Mission Fashion* 2. C'est comme *Project Runway*.

Je suis mannequin.*

J'ai une amie, Farida Khelfa, qui est mannequin, comme moi.

Je fais de l'exercice pour être toujours en forme.

Comme mannequin, je peux beaucoup voyager. J'aime ça !

J'aime les vêtements élégants des stylistes Jean-Paul Gaultier et Givenchy.

Je suis sur la couverture de *Vogue Arabia*. C'est super !

J'adore les parfums. Mon parfum préféré c'est Trésor de Lancôme.

Lancôme est une maison de cosmétiques.

Je suis la première femme musulmane chez Lancôme. Quel honneur !

Je vais à Tunis, en Tunisie, et je visite les hôpitaux et je parle aux enfants.

Je veux inspirer les jeunes Tunisiens.

* mannequin – a fashion model

Hanaa
Ben Abdesslem
1990

Dev
Virahsawmy
1942

Je m'appelle Dev Virahsawmy

Je m'appelle Dev Virahsawmy.

Je suis né en 1942 (mille neuf cent quarante-deux) à l'Île Maurice.

L'Île Maurice est située dans l'ouest de l'océan Indien.

Je suis un intellectuel et un homme sérieux.

J'aime lire, penser, parler et écrire.

Je m'intéresse à la politique, la linguistique, la poésie et le théâtre.

Je déteste la discrimination sous toutes ses formes.

Je fais partie d'un mouvement politique d'extrême gauche, le MMM.

Je pense que ma langue, le kreol morisien*, est très belle.

J'aime la poésie. Je suis poète.

J'écris des poèmes et des pièces de théâtre en kreol morisien.

Je fais des traductions de Shakespeare en kreol morisien. Quel effort !

Je veux tout faire pour défendre le kreol morisien.

Je veux tout faire pour préserver le kreol morisien.

* kreol morisien – Mauritian creole, a French-based language spoken in Mauritius.

Je m'appelle Jacques Tati

Je m'appelle Jacques Tati.

Je suis né en 1907 (mille neuf cent sept).

Je viens de France, mais je suis d'origine russe, italienne et néerlandaise.

J'aime jouer au tennis.

Est-ce que je joue bien au tennis ? C'est un mystère !

J'adore rire et sourire et… sourire et rire !

Je suis amusant. Très amusant.

J'ai une bicyclette.

J'ai une pipe ! Ha ! Ha ! Ha !

Je suis un acteur comique. J'adore la comédie.

Je sais faire des films amusants. Très, très amusants.

J'ai un Oscar pour un de mes films.

Je vais souvent en vacances avec Monsieur Hulot.

Qui est Monsieur Hulot ? C'est un très bon ami !

Je pense que la vie moderne est amusante. Très, très, très amusante.

Jacques
Tati
1907 – 1982

Carla
Tarini
1962

My name is Carla Tarini

My name is Carla Tarini.

I was born in 1962, near Chicago, in the United States.

My family loves boxer puppies. We also like to play cards.

At the university, I study French and Italian.

My favorite teacher is Madame Kaplan. Now she is my friend.

I go to Nice, France and stay there for four years.

I have two children and one dog. They are the best!

I like to walk along the beach, swim and do crossword puzzles.

I am a French teacher.

I learn to teach with Comprehensible Input.

My students acquire French very quickly now. Yay!

I love to write stories. I have fun doing research for this biography series.

I find many interesting people– some famous, others less famous.

To me, they are equally important: they are all people.

I hope you enjoy reading these stories.

I hope you enjoy meeting everyone.

I hope you enjoy discovering the French-speaking world.

TERRE-NEUVE

QUÉBEC

NOUVEAU-BRUNSWICK

MAINE

ST-PIERRE

PIERRE-ET-MIQUELON

LOUISIANE

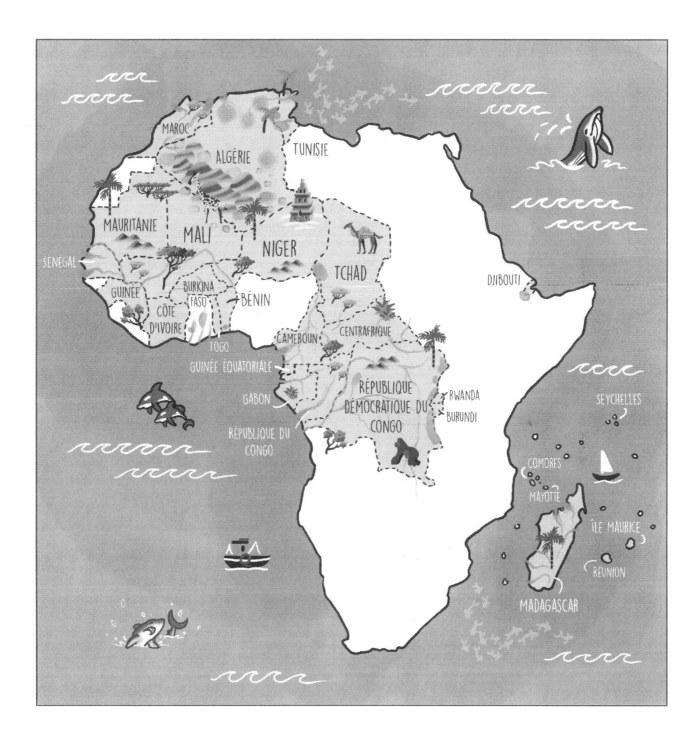

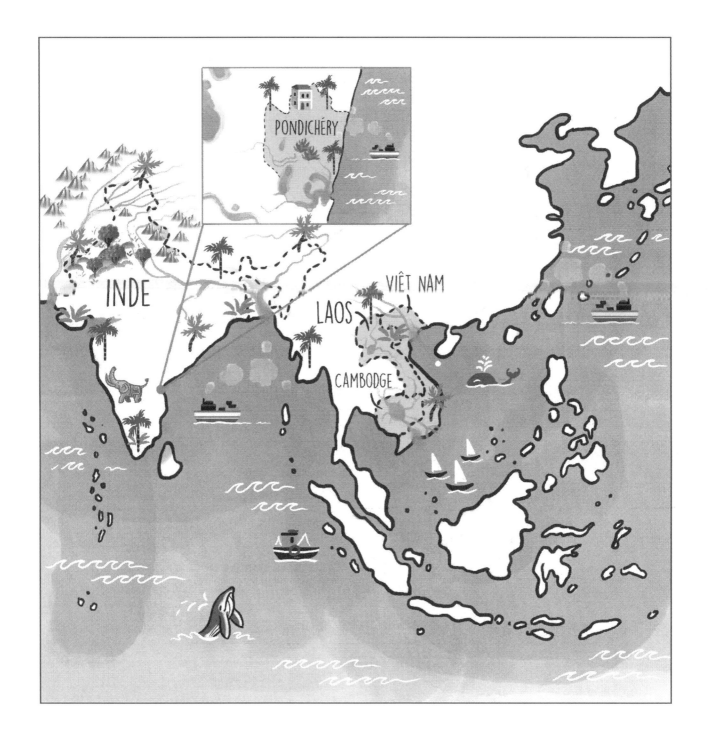

VANUATU

WALLIS ET
FUTUNA

NOUVELLE-CALEDONIE

POLYNÉSIE FRANÇAISE

Glossary

A

a	has
il y a	there is, there are
à	in, at, to
continue à jouer	continues to play
à l'	in/ at/ to the; made of
à la	in/ at/ to the; made of
abolitionniste	abolitionist
acrobatie	acrobatics
acteur(s)	actor(s)
action	action
activiste(s)	activist(s)
adore	adore, love
aériennes	aerial, in the air
africain(s)	African
Africain(s)	African(s)
Africaine(s)	African(s)
Afrique	Africa
afro-américain	African-American
aide	help, helps
ai	have
j'ai	I have
aime	like, love
aiment	like, love
air	air
en plein air	outdoors
aller	to go

américaine(s)	American
Américaine(s)	American(s)
amérindienne	American-Indian
Amérique du Nord	North America
Amérique du Sud	South America
ami(s)	friend(s)
amie(s)	friend(s)
amusant(s)	funny, amusing
amusante(s)	funny, amusing
anglais	English
animaux	animals
anxieuse	anxious
appelle	call, calls
je m'appelle	my name is
elle s'appelle	her name is
il s'appelle	his name is
aquatique	aquatic
arrivent	arrive
athlète	athlete
au	in/ at/ to the, made of
jouer au	to play (a sport)
aussi	also, too
autre(s)	other
les autres	the others
aux	in the, at the, to the
avec	with
aventures	adventures
avion(s)	airplane(s)

avoir	to have

B

beaucoup	a lot
beaucoup de	a lot of
beauté	beauty
Belgique	Belgium
belle(s)	beautiful
bicyclette(s)	bicycle(s)
bien	well, good
bien sûr	of course
bien sûr que oui	yes of course
bien sûr que non	of course not
biographies	biographies
blanc(s)	white
Blancs	whites
bleue(s)	blue
bon(s)	good
bonne(s)	good
brevet	license
Bruxelles	Brussels

C

ça	that
calmer	to calm
me calmer	to calm myself
capital(e)	capital
Caraïbes	Caribbean
ce	this, that
cent	hundred
ces	these, those

c'est	it is, that is
champion	champion
chanson(s)	song(s)
chante	sing
chantent	sing
chanter	to sing
chanteur(s)	singer(s)
chaque	each
chez	in, at, to the home of
chez moi	at my home
Chine	China
chose(s)	thing(s)
cinq	five
cinquante	fifty
classique	classical
colonel	colonel
colonial	colonial
comédie	comedy
comique(s)	comic, comical
comme	like, as
comme moi	like me
comme mannequin	like a model
commentaires	commentary
complètement	completely
complexe(s)	complex
compose	compose
concertos	concertos
concerts	concerts
concours	contest
connaître	to know, to be familiar with
conservationniste	conservationist

contre	against
cosmétiques: maison de cosmétiques	cosmetics company
couleur(s)	color(s)
couverture	cover
crabes	crabs
crayon	pencil
créole	Creole

D

d'	of, from; not any
d'où	from where
je n'ai pas d'	I don't have any
Dakar	Dakar
dans	in, into
dauphins	dolphins
de	of, from, some; not any
je n'ai pas de	I don't have any
débats	debates
défendre	to defend
démocratie	democracy
des	of the, from the, some
déterminé(e)	determined
déteste	hate, detest
deux	two
différent	different
dis	say
discrimination	discrimination
dix	ten
Djibouti	Djibouti
doctorat	doctorate degree, PhD
documentaire	documentary

d'où	from where
douze	twelve
droit	law; right
droits humaines	human rights
du	of the, from the, some

E

eau	water
école	school
écrire	to write
écris	write
éducation	education
effort	effort
élégant(s)	elegant
elle	she, it
elles	they
émouvant	moving
en	in
de temps en temps	from time to time
en savoir plus	to know more about it
endroits	places
enfant	child
enfants	children
enthousiaste	enthusiastic
entre	between
épée	sword
esclave(s)	slave(s)
escrime	fencing
essais	essays, commentaries
essentielle	essential
est	is
n'est-ce pas?	isn't that so?

est	east
nord-est	northeast
sud-est	southeast
et	and
état(s)	state(s)
États-Unis	United States
être	to be, be, being
Europe	Europe
excellent	excellent
excellente	excellent
exercice	exercise
exhibition(s)	exhibition(s)
explorateur	explorer
explore	explore, explores
extraordinaire	extraordinary
extrême	extreme

F

faire	to do, to make
faire la cuisine	to cook
fais	do, make
fais partie	take part
fantastique(s)	fantastic
fascinée	fascinated
fatiguant	tiring
femme	woman
femmes	women
fille(s)	girl(s); daughter(s)
film(s)	movie(s)
flamand	Flemish
forme(s)	form(s), shape(s)
forte(s)	strong

fragile	fragile
français	French
Français	French person
française(s)	French
francophone	French-speaking
francophonie	French-speaking world
frère(s)	brother(s)

G

gauche	left; left-wing
golfe	gulf
golfe Persique	Persian Gulf
grand(s)	big, tall, large
Grèce	Greece
Guadeloupe	Guadeloupe
guitare(s)	guitar(s)
Guyane	French Guiana

H

habite	live, lives
Haïti	Haiti
histoire	story; history
histoires	stories
homme	man
honnête	honest
honneur(s)	honor(s)
hôpitaux	hospitals
huit	eight
humain(s)	human

I

il	he, it
il y a	there is, there are
île(s)	island(s)
illustration(s)	illustration(s)
ils	they
imagine	imagine, imagines
imaginer	to imagine
immigré(s)	immigrant(s)
important(s)	important
importante(s)	important
indien(s)	Indian
océan Indien	Indian ocean
ingénierie	engineering
innovateur	innovator
inspirer	to inspire
intellectuel(s)	intellectual
intelligent(s)	intelligent
intelligente(s)	intelligent
intéressant(s)	interesting
intéressante(s)	interesting
intéresse	interest
je m'intéresse à	I'm interested in
international	international
islamiques	Islamic
italienne(s)	Italian

J

j'	I
j'ai	I have
j'aime	I like, I love

je	I
jeune(s)	young
jeux	games
jeux olympiques (JO)	Olympic Games
joue	play, plays
je joue dans un film	I act in a movie
je joue au football	I play soccer
je joue du violon	I play the violin

K

kreol, kréol	Creole

L

l'	the
l'on	one, people
où l'on parle	where people speak
la	the
langage	language
langue(s)	language(s), tongue(s)
langue maternelle	native language, mother tongue
le	the
les	the
Liban	Lebanon
libre	free
linguistique	linguistics
lire	to read
littérature	literature
livre(s)	book(s)

M

m'	me, to me, myself
je m'appelle	my name is
ça m'inspire	that inspires me
ma	my
mais	but
maison de cosmétiques	house cosmetics company
mannequin	fashion model
Maurice: Île Maurice	Mauritius
mauricien	Mauritian
me	me, to me, myself
médaille(s)	medals
médiévale	medieval
Méditerranée	Mediterranean
mer	sea
merci	thank you
mère	mother
méritent	merit, deserve
mes	my
mètre(s)	meter(s)
mille(s)	thousand(s)
mini-biographies	mini-biographies
MMM – Mouvement Militant Mauricien	MMM–Mauritian Militant Movement
mode	fashion
moderne	modern
moi	me
chez moi	at my home
mon	my
monde	world
tout le monde	everyone
monsieur	Mr.
morisien	Morisien–Mauritian Creole
morte	dead
est morte	died
mousquetaire(s)	musketeer(s)
mouvement	movement
moyen-orient	Middle East
music-hall	music hall
musique(s)	music
musulmane(s)	Muslim
mystère	mystery
mystérieux	mysterious

N

n' ... pas	not
je n'accepte pas	I do not accept
nage	swim, swims
nager	to swim
Nazis	Nazis
ne ... pas	not
je ne suis pas	I am not
né	born
je suis né	I was born
nécessaire	necessary
née	born
je suis née	I was born
néerlandaise	Dutch
n'est-ce pas?	isn't that so?
neuf	nine
noir(s)	black
Noirs	Blacks

noire(s)	black
non	no
je pense que non	I don't think so, I think not
nord	north
nord-est	northeast
nostalgie	nostalgia
numéro	number

O

océan	ocean
océan Indien	Indian ocean
océanographique	oceanographic
OIF– Organisation Internationale de la Francophonie	International Organization of La Francophonie
officier	officer
olympique	olympic
jeux olympiques (JO)	Olympic Games
on	one, people
où l'on parle français	where people speak French
opéra(s)	opera(s)
or	gold, golden
médaille d'or	gold medal
orale	oral
origine(s)	origins
où	where
d'où	from where
ouest	west

P

palais	palace
papier	paper
par	by; through
par exemple	for example
parce que	because
parfum(s)	perfume(s)
Paris	Paris
parle	speak, speaks
parler	to speak
participe	participate, participates
participent	participate
participer	to participate
partie	part
je fais partie	I take part
pas, ne ... pas	not
je ne suis pas	I am not
pense	think, thinks
je pense que oui	I think so
penser	to think
penser à	to think about
père	father
personne	person
personnes	people
Persique	Persian
peux	can, am able
pièce(s)	pieces; rooms
pilote(s)	pilot(s)
pingouin(s)	penguin(s)
pipe	pipe
planète(s)	planet(s)
plongée(s)	dive(s)

plus	more
plus que	more than
la plus	the most
le plus	the most
les plus	the most
poème(s)	poem(s)
poésie	poetry
poète(s)	poet(s)
politique	politics, political
Polynésie	Polynesia
possibilité	possibility
pour	for; in order to
pratiques	practical
préféré	preferred, favorite
préjugé	prejudice
premier(s)	first
premier ministre	prime minister
première(s)	first
préserver	to preserve
professeur	professor
professionel(s)	professional
programme	program
projet(s)	project(s)
proton	proton
public	public

Q

qu'	that; than; what
quand	when
quarante	forty
quatre	four
que	that; than; what

quel(s)	which, what
quel honneur !	what an honor!
qu'est-ce que	what is it that, what
qu'est-ce qu'ils aiment ?	what do they like?
qui	who; that
quitte	leave

R

réconforter	to comfort
réfugiés	refugees
régiment	regiment
réinterprétation	reinterpretation
relations	relationship
représenter	to represent
respecte	respect, respects
révolte	revolt
révolution	revolution
rire	to laugh
un rire	a laugh
risque	risk
une risque-tout	a daredevil
risquée(s)	risky
russe(s)	Russian

S

s'	himself, herself
s'appelle	calls himself/herself
Saint-Domingue	Saint-Domingue
sais	know
je sais jouer	I know how to play

40

savoir	to know
en savoir plus	to know more about it
scientifique	scientific
se	himself, herself, oneself
se transformer	transform oneself
ségrégation	segregation
Sénégal	Senegal
sept	seven
série	series
sérieux	serious
ses	his, her
si	if
silence	silence
située	situated, located
soixante	sixty
somali	Somali language
son	his, her
sont	are
sourire	to smile
sous	under
souvent	often
sport	sport
j'aime le sport	I like sports
styliste(s)	stylist(s), fashion designer(s)
sud	south
sud-est	southeast
sud-ouest	southwest
suis	am
Suisse	Switzerland
super	super, great, awesome
sur	on

symphonie	symphony

T

télé	TV
télévision	television
temps	time, weather
de temps en temps	from time to time
tennis	tennis
Texas	Texas
textes	writings, texts
théâtre	theater
toujours	always, forever
tour	tower
tour Eiffel	Eiffel Tower
tous	all, everything, everyone
tout	all, everything
tout le monde	everyone
toute(s)	all, everything
tradition(s)	tradition(s)
traduction(s)	translation(s)
très	very
trésor	treasure
tu	you
Tunis	Tunis
Tunisie	Tunisia
tunisien(s)	Tunisian
Tunisien(s)	Tunisian(s)
tunisienne(s)	Tunisian

U

un	a, one

une	a, one
unis	united
États-Unis	United States
université	university

V

vacances	vacation
en vacances	on vacation
vais	go, am going
Versailles	Versailles
Palais de Versailles	Versailles Palace
vêtements	clothing
veulent	want
veux	want
vie	life
viennent	come
d'où viennent-ils ?	where do they come from?
viens	come
viens de	come from
vingt	twenty
violon(s)	violin(s)
visite	visit, visits
vite	quickly
voyage	travel, travels
un voyage	a trip
des voyages	trips
voyager	to travel

Y

y	there

il y a	there is, there are
yacht	yacht
youpi !	yay!

Dedication

To Su Pesa and Alisa Shapiro: You are the best colleagues and friends. May language teachers around the world have as much fun at their jobs as we do. Aloha!

Acknowledgments

First, I would like to thank Kirstin Plante of Arcos Publishers. You jumped on board with this project after one conversation and you didn't mind its ever-expanding scope. Thank you for your confidence, for finding our illustrator, and for working on every aspect in true partnership. It has been a pleasure to work with you.

Next, several people reviewed these stories at various stages. Thank you to Isabelle Kaplan and Bertrand Cocq who provided valuable feedback early on. Thank you to Cécile Lainé, Bernard Rizzotto, Françoise Mishinger and Nelly Adelard who caught typos and ensured that the text sounded natural. Bernard and Cécile, you understood my vision immediately and I'm grateful for your encouragement. Our copy-editor, Anny Ewing, put the final set of eyes on the books. Anny, thank you for your attentive reading, spot-on suggestions and kind praise. I am also grateful to Esther Rosier, our illustrator. Her drawings offer multiple layers of exploration for readers and teachers.

I wouldn't have started to teach with Comprehensible Input if not for Donna Tatum-Johns, whom I saw at my first TPRS workshop. Within 10 minutes, I knew I was in the exact right place. At subsequent CI trainings, I learned from Blaine Ray, Carol Gaab, Karen Rowan and Jason Fritze. I'm lucky to have met you all. Although you didn't know of my efforts to write this series, you certainly had a role in shaping my desire to do so.

To my 6th grade students of the past few years: it has been gratifying to watch you choose these stories during our reading time and then ask if I would write more. I wrote these for you.
And finally, to my children, Jaco and Eliana, to my siblings Eva and Paul, and to my beau, Iñigo. You are always there for me, even when I'm busy behind the computer screen. And to my lovely parents... I can almost hear Dad reading these stories aloud to Mom with his best French accent.

A note to teachers & students

French is the official language of over two dozen countries and nearly 300 million people speak it today. Of course, the language sounds somewhat different from one country to the next. French is the 5th most widely spoken language in the world and it is estimated that by the year 2050, there will be over 700 million French speakers. Welcome to the club!

Qui parle français ? is a cultural stepping stone for French students ages 11 to 99. Written with simple elegance, the 100 biographies in this 10-book series target high-frequency language and abound with cognates.

Engaging illustrations accompany each story. This pairing offers the teacher a rich platform for providing compelling input. The cross-curricular tie-ins are numerous: geography, history, arts, literature, sports, business, science, fashion and more.

The intersection of culture, language, race, politics and gender is thought-provoking. *Qui parle français ?* is for anyone curious about French languages and French-speaking cultures.

What is in the books?
- 6 maps of the French-speaking world are found in each book.
- A complete glossary is provided in the back.
- The books can be read in any order and the stories within each book can be read in any order.
- Each book has approximately 1,300 total words.
- Each book contains approximately 450 unique words.
- Each story has around 130 words.
- Each story is written in the present tense and in the first person.

Teacher's Guides
A downloadable Skinny Teachers' Guide will be available at www.arcospublishers.com. The Skinny Guide contains brief explanations on providing comprehensible input with trusted CI techniques such as: Picture Talk, Story Listening, Special Person Interviews, Story Asking, One Word Images and more.